Martina Dannheimer

1 Tag in Barcelona –
Martinas Kurztrip zu
Sagrada Familia und La Rambla

Bibliografische Information der Deutschen Nationalbibliothek:

Die Deutsche Nationalbibliothek verzeichnet diese Publikation in der Deutschen Nationalbibliografie; detaillierte bibliografische Daten sind im Internet über http://dnb.d-nb.de abrufbar.

Impressum:

Lektorat: Caroline Schnitzer, Peter Schmid-Meil

Copyright © 2013 GRIN & Travel

Ein Imprint der GRIN Verlag GmbH

travel.grin.com

Die Lust an Städtereisen

„Nicht nur lange Reisen machen Spaß", das ist das Motto, nach dem ich lebe und meine Reiselust stille. Mit meinen Berichten „1 Tag in …" möchte ich zu Kurztrips inspirieren, aufzeigen, was man alles an einem Tag erleben kann oder einfach nur unterhalten. Hier gibt es jede Menge Tipps und Karten zum Nachmachen für alle, die wenig Zeit zum Reisen haben, oder deren Geldbeutel – wie meiner – nicht endlos gefüllt ist.

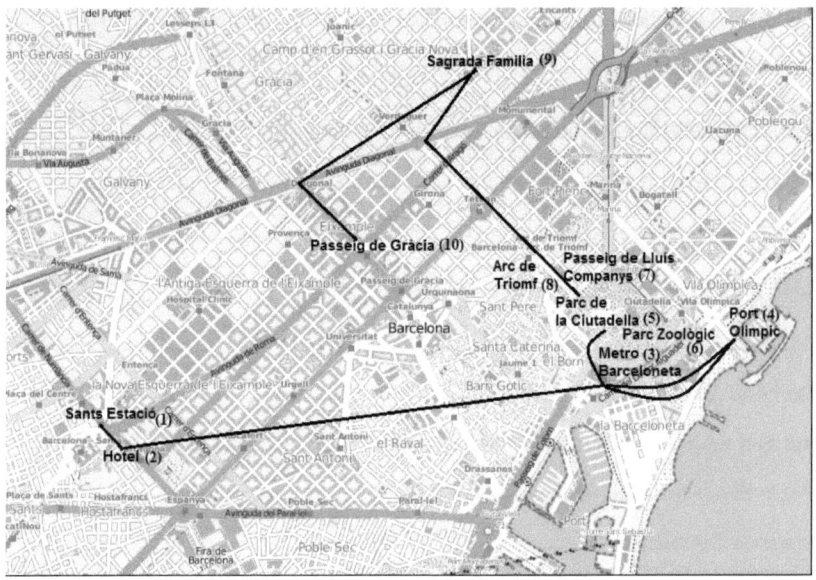

Barcelona Route Teil 1. Quelle: OpenStreetMap und Mitwirkende, CC BY-SA

So schnell wie möglich ans Meer!

Frieren in der Metro

„Feinstes Sommerwetter" versprach mir der Airbus-Pilot eine knappe Stunde vor der Landung am Flughafen Barcelona. Die Farbe des Himmels, Ton in Ton mit dem Mittelmeer, untermauerte dieses Versprechen noch. Die Gluthitze, die mich empfing, erst recht. „Hola Barcelona, ich bin da!"

Schon das Warten auf den Flughafenzug war ein Vergnügen. Nach einer 20-minütigen Fahrt stand ich am Sants Estacio (1), der zentralen Umsteigestelle in Barcelona. In den U-Bahn-Schächten war es gefühlte 50 Grad heiß, im Inneren der Metros erinnerten die Temperaturen hingegen eher an den Winter. Wer ein gutes Immunsystem oder zumindest einen Pulli zum Überziehen hatte, war klar im Vorteil. Egal, ich wollte sowieso schnellstens wieder an die Erdoberfläche zurück. Der Weg zum Expo Hotel Barcelona (2) samt Check-In verschlang jedoch eine kostbare Stunde, bis es endlich mit der Metro bis zur Station Barceloneta (3) weitergehen konnte. Dort marschierte ich in einem Pulk von Touristen an die Oberfläche. Schnell beim Kiosk „un agua sin gas" gekauft und dann machte ich mich auf den Weg zum Meer.

Am Strand von Barcelona

Hach, mein Herz strahlte ganz im Einklang mit der spanischen Sonne. Unterwegs gönnte ich mir noch ein Eis bei Dino – Pistazie und Zitrone. Stolze 2,80 Euro für zwei Kugeln, doch der Genuss machte es wett. Nach einem knapp 30-minütigen Fußmarsch lag mir das Meer zu Füßen. Und mit ihm unzählige Sonnenanbeter, die zwischen Liegestühlen, Cocktailbars und Stranddduschen dem feinsten Sommerwetter frönten. Dazwischen bahnten sich Verkäufer aller Nationalitäten ihren Weg zum großen Geschäft. Massage, Cervezas, Baumwolltücher, Kokosnüsse – alles, was das Urlauberherz begehrt.

Nicht nur ich hatte Lust zu baden.

Sand, soweit das Auge reicht

Nach einem Bad im 22 Grad kühlen Nass und einem Abstecher an den Jachthafen Port Olímpic ("Olympischer Hafen", (4)) spazierte ich wieder zurück in Richtung Stadtzentrum. Ich hatte noch Sand zwischen den Zehen und aus meinen Haaren tropfte der letzte Rest Meerwasser. An der Metrohaltestelle Barceloneta überlegte ich kurz, ob ich nach links gen Hafen abbiegen oder mich lieber rechts halten sollte. Bevor ich zu lange darüber sinnierte, schritt ich zur Tat und wandte mich nach rechts, zum Parc de la Ciutadella ("Park der Zitadelle", (5)).

Parc de la Ciutadella

Die dicht befahrene Av. del Marquès de l'Argentera dämpfte meine Stimmung etwas. Zum Glück dauerte es aber nicht lange und ich erspähte den Eingang des Parks, der 1888 für die damalige Weltausstellung genutzt wurde. Eine zauberhafte Naturoase! Im unmittelbar angrenzenden Zoo (6) hätte ich sogar mein Lieblingstier besuchen können. Die Elefanten wollte ich aber lieber ein anderes Mal beehren, heute flanierte ich lieber zum See. Ein paar Besucher – vermutlich Touristen – schipperten in kleinen Booten übers Wasser. Einerseits reizte es mich, ebenfalls in See zu stechen, andererseits wollte ich dafür lieber in Begleitung wiederkommen. Wer das auch immer sein würde…

Natur pur im Park!

Die Gran Cascada

Ich beobachtete die Leute auf den Boten eine Weile und bewegte mich auf die „Große Kaskade" zu. Das ist eine Art Brunnen, dessen Becken von geflügelten Drachen bewacht wird. Dahinter prangt ein Bauwerk, das wie ein kleiner Triumphbogen aussieht, obenauf prangt stolz eine Quadriga. Über ein paar Treppen stieg ich hinauf und himmelte die vielen Skulpturen an – unter anderem entdeckte ich ein Seepferdchen. *Wirklich süß, ich liebe so etwas!*

Ich war verzückt von der Gran Cascada.

Schlechte Erinnerungen

Mit einem mulmigen Gefühl erinnerte ich mich in diesem Moment an meinen ersten Besuch im Parc de la Ciutadella bei meiner Barcelona-Premiere vor drei Jahren. Genauso verzückt wie heute hatte ich mich auf eine Bank gepflanzt und mich wie im siebten Himmel gefühlt.

Was dann geschah, war wenig erfreulich: Zwei Jungs, schätzungsweise um die 12 oder 13 Jahre alt, gesellten sich zu mir. Mit ihren treu-doofen Augen starrten sie mich an und baten mich um meine Unterschrift. Für arme Kinder sollte ich meinen Servus auf den Zettel kritzeln. Ich tat, wie mir befohlen, selbst zu einer kleinen Spende ließ ich mich erweichen – Gutmensch eben. Doch nicht bloß ich kramte in meiner Tasche nach dem Portemonnaie, sondern auch einer der beiden Rotzlöffel. Geistesgegenwärtig brüllte ich ein ohrenbetäubendes „No, hau ab, verpiss dich!" und schlug die beiden in die Flucht. Meine Habseligkeiten blieben bei mir und eine Lehre für die Zukunft war mir das obendrein.

Chillen im Parc de la Ciutadella

Von pompösen Bauwerken zur Shoppingmeile

Triumphbogen und Sagrada Familia

Ich bummelte weiter durch den Park und beobachtete die Leute. Mit Decke und Buch gewappnet ließ es sich hier bestimmt ein paar Stunden aushalten. Vielleicht würde ich auch einmal eine Zeit lang in dieser wunderschönen Stadt wohnen und einen Roman dort genießen – ich spielte ernsthaft mit dem Gedanken. Mal sehen, wohin mich mein Weg noch führen würde...

Für heute jedenfalls über den Passeig de Lluís Companys (7) zum Arc de Triomf („Triumphbogen") (8). Solch pompöse Bögen kannte ich zwar bereits aus anderen Städten, wie Rom oder Paris, aber Staunen musste ich trotzdem aufs Neue. Was mir an dem guten Stück in Barcelona so gefiel, war die Lage. So geht der Passeig de Lluís Companys nach dem Torbogen in den Passeig de Sant Joan über, die somit eine schier endlose Flaniermeile bilden.

Der imposante Triumphbogen

9

Auf Höhe der Aviguda Diagonal schwenkte ich nach rechts. Ich wollte bei der Sagrada Familia („Sühnekirche der Heiligen Familie", (9)) vorbeischauen, dem Werk von Antonio Gaudí. Mit nur 31 Jahren (1883) wurde der später berühmte Architekt beauftragt, an der Sagrada Família (Baubeginn 1882) weiterzuarbeiten. Von 1914 bis zu seinem Tod im Jahre 1926 widmete sich Gaudí nur noch dem Kirchenbau. Die Baufortschritte gestalteten sich dennoch schleppend. Fertig ist sie bis heute nicht und wird deshalb gerne als die Unvollendete bezeichnet. Trotzdem gilt sie mit jährlich rund zwei Millionen Besuchern als das Wahrzeichen von Barcelona.

Die seit mehr als 100 Jahren im Bau befindliche Sagrada Familia

Dem Shopping widerstehen

Nach dem Kirchenbesuch gönnte ich mir ein Kontrastprogramm. So erreichte ich den Passeig de Gràcia (10) und hätte eine ausgiebige Shoppingtour beginnen können. In einigen Geschäften kostete ein Gürtel zwar mehr als meine ganze Reise, aber ich sichtete auch Läden, die für mein Portemonnaie verträglich waren – ob zum Glück oder leider, das lasse ich mal dahingestellt. Ich zwang mich nach 40 Minuten ohnehin zum Weitergehen.

Denn nun wollte ich mir den Park Güell (11) vorknöpfen, der zum UNE-SCO Weltkulturerbe gehört.

Sehenswürdigkeiten am laufenden Band

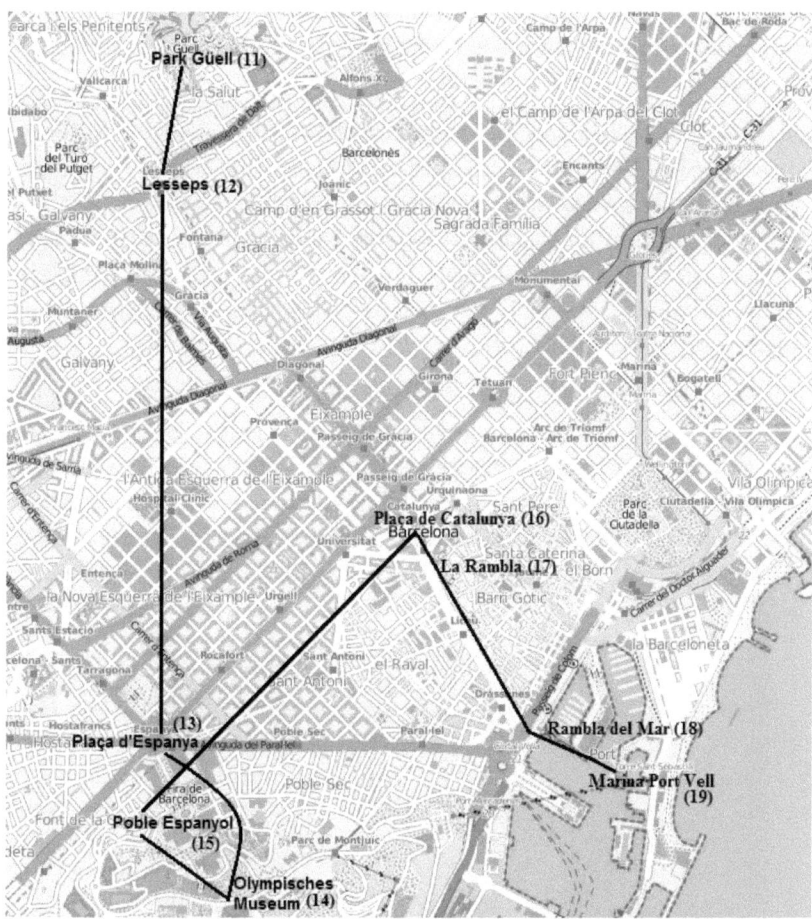

Barcelona-Route Teil 2. Quelle: OpenStreetMap und Mitwirkende, CC BY-SA

Der Park Güell und seine Reize

Nach sieben U-Bahn-Stationen stieg ich wieder halb erfroren aus der Metro. Mangels Beschilderung vertraute ich auf meinen Stadtplan und mein Bauchgefühl. Erst einmal ging ich ein schmales Gässchen hinunter, bog links ab und erblickte kurze Zeit später eine Rolltreppe – mitten im Stadtviertel. Aber ich war auf Kurs und stand nach weiteren Rolltreppenfahrten an einem der Parkeingänge. Wegen meiner rutschigen Schlappen kamen mir die Rolltreppen übrigens sehr gelegen.

Der Blick über die katalanische Hauptstadt bescherte mir trotz Nachmittagshitze eine Gänsehaut – einfach beeindruckend. Wie überall in der Stadt saßen auch hier emsige Händler und priesen Schmuck, Tücher und weiteren Krimskrams an. In Barcelona gibt es wohl kaum einen Ort, an dem nichts verkauft wird. Als ich kurz überlegte, ob mir die rot-orange-blauen Ohrringe stehen würden, zweifelte ich dann doch an meinem Verstand – und schob es schnell auf die Hitze.

Der Park Güell geizt auf seinen 17 Hektar nicht mit Reizen. Ich bestaunte herrliche rosa Riesenblumen, anschließend schritt ich wieder etwas bergab und bewunderte diverse architektonische Schmankerl. Zum Beispiel den großen Terrassenplatz oder zahlreiche Mosaikarbeiten, die an den legendären Architekten Antonio Gaudí erinnern. Bei meinem anschließenden Gang zur Metro Lesseps (12) beschloss ich, dass der Berg Montjuïc meine nächste Station sein sollte.

Mosaikarbeiten im Park Güell

Montjuïc

Am Plaça d'Espanya (13) angekommen, richtete sich mein Blick sofort nach oben zum Montjuïc. Dieser 173 Meter hohe Hügel gilt als der Hausberg von Barcelona. Majestätisch begrüßte mich das dort thronende Museu Nacional d'Art de Catalunya. Nach einem kurzen Kennenlernen der Abteilung für romanische Kunst – eine der weltweit größten Sammlungen romanischer Wandmalereien – zelebrierte ich die fantastische Aussicht auf Barcelona. Die Sonne brannte mir ins Gesicht – das tat meinem Schwelgen allerdings keinen Abbruch. Das Gelände auf dem Montjuïc wurde erst zur Weltausstellung 1929 und dann nochmals zu den Olympischen Sommerspielen so richtig auf Vordermann gebracht. Immerhin fanden dort einige Wettbewerbe statt. Eine Weile ruhte ich mich auf einer Bank aus, dann stand die nächste Entscheidung an: Olympisches Museum (14), Botanischer Garten oder Poble Espanyol (15), ein Freiluftmuseum, das verschiedene Regionen und Städte aus Spanien nachbildet.

Plaça d'Espanya

13

Wunderschön – Ausblick vom Montjuïc

Auf den Spuren der Olympioniken – Das Olympische Museum

Ich wollte zuerst auf den Spuren von Linford Christie, Birgit Fischer & Co. wandeln. Somit stand ich kurze Zeit später im Kühlen und bewunderte Spikes, Stabhochsprungstäbe sowie Weltrekorde. Zugegeben, ich war fast im Wettkampffieber. Ich ließ mich in einer Miniatur-Arena nieder und beklatschte auf einem riesigen Bildschirm den fulminanten Schwimm-Endspurt von Alexander Popow. Mit einer Ladung Adrenalin im Blut verabschiedete ich mich schließlich von den mittlerweile in die Jahre gekommenen Barcelona-Olympioniken von 1992.

Poble Espanyol – das spanische Dorf

Nach 30 Minuten Fußmarsch und 20 Minuten Schlangestehen befand ich mich im Poble Espanyol. Im „spanischen Dorf" fühlte ich mich gleich wie in einer anderen Welt. Manche Dinge waren jedoch in beiden Welten gleich, so zum Beispiel das Eis. Somit startete ich mit Pistazien- und Zitroneneis für 2,80 Euro, ich konnte einfach nicht widerstehen. Mit gekühltem Magen besuchte ich schließlich die Altstadt von Toledo, bummelte zwischen Andalusien und Santiago de Compostela umher, bevor ich mich durch weitere spanische Gefilde hangelte. Auf den insgesamt 49.000

Quadratmetern reiht sich Haus an Haus. Fast in jedem Gebäude ist ein Geschäft, in dem landestypische Ware zum Verkauf angeboten wird. Ich tätigte sofort einen Spontankauf – typisch Frau eben: alltagstaugliche Ohrringe und drei im Gaudi-Mosaik-Stil fabrizierte Steinesel mussten es sein. Nach Kunsthandwerk, Dorfplätzen und Kapellen war ich durch. Es war Zeit für eine Pause.

Plaça de Catalunya

Weil vier Kugeln Eis nicht nachhaltig gesättigt hatten, hatte ich Kohldampf. Ein Bekannter hatte mir das Comerc24 empfohlen, die Tapas-Kreationen von Starkoch Carles Abell'an seien famos. Ich wollte meinen Hunger aber jetzt sofort am Plaça de Catalunya („Katalonienplatz", (16)) stillen. Also kaufte ich mir eine Falafel auf der angrenzenden Promenade La Rambla und setzte mich mit dem Leckerbissen an den Platz, der Alt- und Neustadt verbindet. Ich liebe diese frittierten Kichererbsenbällchen!

Verzichtet hätte ich hingegen gerne auf die Tauben um mich herum. Ich weiß, es sind Lebewesen. Ich versuchte mir sogar einzureden, sie seien niedlich, aber es gelang mir nicht. Nach kurzer Zeit hatte ich genug vom Taubenjagen und beschloss, das Kaufhaus El Corte Inglés aufzusuchen, das direkt am Plaça de Catalunya liegt. Die Hälfte meines Mahls lag mir immerhin schwer im Magen, der Rest befand sich in meinem Gesicht oder am Boden. Im Kaufhaus wollte ich daher zum einen die Toilette aufsuchen, zum anderen den Ausblick vom obersten Stockwerk genießen. Rein in den Fahrstuhl – und bis ich den Shoppingtempel wieder verließ, war doch tatsächlich eine Stunde vergangen. Selbstverständlich musste ich ein bisschen stöbern. Dann war die La Rambla (17) dran.

Aussicht vom El Corte Inglés auf den Plaça de Catalunya

Darauf hätte ich getrost verzichten können – Tauben am Plaça de Catalunya

Die La Rambla

Eine Straße, viele Teile

Die legendäre Straße La Rambla beginnt am Plaça de Catalunya und ist 1,3 Kilometer lang. Der erste Abschnitt heißt Rambla de Canaletes. Hier findet man den Font de Canaletes, den sagenumwobenen Brunnen. Wer aus ihm trinkt, soll der Sage nach wieder nach Barcelona zurückkehren. Mir reichte dafür der Anblick – ich würde auf jeden Fall wiederkommen. Wer bereits hier schlapp macht, kann sich auf den Stühlen am Rande der Straße eine kurze Verschnaufpause gönnen und danach energiegeladen weitergehen – zum nächsten Part namens Rambla dels Estudis. Früher stand hier die Universität, die jedoch 1843 abgerissen wurde; übrig bleibt bis heute eine Wissenschaftsakademie. Einst boten hier Tierhändler Vögel, Meerschweinchen & Co. zum Verkauf an. Weil dies allerdings nichts mit artgerechter Tierhaltung zu tun hatte, wurden die niedlichen Viecher durch Souvenirs ersetzt.

Weiter geht's mit der Rambla de Sant Josep, die zum Pflanzenkauf animiert. Nur auf diesem Abschnitt verhökern die Blumenhändler ihre Ware, weshalb er im Volksmund auch Rambla de les flors genannt wird. Hier befindet sich auch der Mercat de la Boqueria mit seinen Markthallen. Weil ich einen Nachtisch brauchte, spazierte ich direkt hinein. Zugegeben, der Markt ist eine Touristenhochburg, dennoch lohnte sich der Besuch. Ob die zahlreichen Obstsorten und deren göttlicher, mundgerecht verarbeiteter Mix oder die kandierten Früchte, Brotsorten, Fisch- und Fleischvariationen: Das Gesamtpaket war einfach verführerisch.

Die bunte Blumenpracht auf der Rambla de Sant Josep

17

Errichtet wurden die für mich heiligen Hallen natürlich aus rein praktischen Gründen. Schon gegen 1200 fand am Pla de la Boqueria ein Handelsmarkt statt, bei dem die ansässigen Bauern ihre Ware anboten – im Freien versteht sich. Verkauft wurde ausschließlich Fleisch, was für die heutige Namensgebung verantwortlich ist. So heißt Boqueria auf Deutsch Fleischerei.

Erst seit 1826 unterliegt der Markt dank Marques Campo Sagrada einer gesetzlichen Regelung, ein Jahr später folgte die Gründung des heutigen Mercat de la Boqueria. 1840 dann ein weiterer Meilenstein: Aus dem Straßenmarkt entstand eine überdachte Markthalle. Es folgten diverse Auf- und Umbauarbeiten, so kam ein Fischmarkt hinzu. Zudem verkaufen seit 1861 Obst- und Gemüsehändler ihre fantastischen Produkte. Erst 1914 eröffnete die Markthalle in ihrer jetzigen Form. Der aus Stahl, Glas und Mosaik konstruierte Genusstempel öffnet Montag bis Samstag von 8.00 bis 20.30 Uhr seine Pforten, um auf 2.583 Quadratmetern zum Schlemmen einzuladen.

Ich entschied mich für einen frischen Erdbeersaft, ein mundgerecht zubereitetes Melonen-Achtel sowie eine Obstschale. Da man die gesunde Kost nicht einmal als sündig bezeichnen kann, haute ich haltlos rein. Die Falafel bekam Gesellschaft von 2,5 Kilo Obst, so kugelte ich mich fast nach draußen.

Schlemmen auf dem Mercat de la Boqueria

18

Mercat de la Boqueria – Frischgepresste Säfte en masse

Zurück auf der La Rambla

Ich kehrte wieder zurück auf die La Rambla, der nächste Abschnitt hieß Rambla dels Caputxins – ein besonderer Genuss für Kulturliebhaber. Hier laden das Café de l'Opera und das Opernhaus Gran Teatre del Liceu zum Verweilen ein. Mit der Rambla de Santa Mònica neigt sich die Flaniermeile dann (fast) ihrem Ende zu. Den Namen verdankt dieser Abschnitt der Patronin des Augustinerordens, der im 17. Jahrhundert einen Konvent bauen ließ. Das markanteste Merkmal hier ist aber die Kolumbussäule, die mich mit ihren 68 Metern zur Aussicht bat – mit Aufzug versteht sich.

Verfügt über eine Aussichtsplattform – die Kolumbussäule

In Begleitung meiner Höhenangst und einer freundlichen Mitarbeiterin war ich Sekunden später auf dem Weg zu Amerikas Entdecker. Die schmale Plattform um Herrn Kolumbus ist allerdings eher für schwindelfreie Sightseeing-Liebhaber geeignet. Ich war nach elf Minuten wieder am Boden.

Flanieren auf der La Rambla

Straßenkünstler auf der La Rambla

Schließlich wäre da noch die Rambla del Mar (18), die zwar nicht von Anfang an ein Teil der berühmten Meile war, jedoch heute deren charmante Verlängerung bildet. Sie wurde zugegebenermaßen für mich zur Favoritin, denn die Rambla del Mar ist eine schwenkbare Brücke, die sich bei eintrudelnden Schiffen mal so eben für deren Durchfahrt teilt.

Eine schwenkbare Brücke – die Rambla del Mar

Mittlerweile war die Dunkelheit hereingebrochen und es war Zeit für einen Absacker. Vielleicht ein Gin Tonic im Espai Barroc oder ein Sex on the Beach im Gimlet, einer angesagten Cocktailbar?

Schließlich entschied ich mich für Power-Shopping. Bis zum Ladenschluss um 22 Uhr blieben mir exakt 33 Minuten. Zwischen Zara, H&M und Pimkie sichtete ich ein paar Geschäfte, die mich nicht an Deutschlands Shopping-Meilen erinnerten (Stradivarius, Sfera). Flugs hatte ich ein Kleid, einen Armreifen und 2-Euro-Flip Flops in der Tüte. Und brach einen neuen Geschwindigkeitsrekord, der dringend am Hafen gefeiert werden musste. Mit einem Piccolo setzte ich mich am Port Vell (19) auf den Boden, lauschte dem tutenden Schiff der Grimaldi Lines und beobachtete den Touristenstrom, der selbst nachts um fast 23 Uhr noch nicht abriss. Ganz entspannt lehnte ich mich zurück und dachte nach – darüber, wie lange ich noch in Deutschland bleiben würde.

Mein Fazit

Barcelona ist meine Lieblingsstadt, eine Metropole mit Charme, ein Lebensgefühl. Nirgendwo lässt sich ein grandioses Sightseeing-Programm mit Sonne, Strand, Meer, Shopping und kulinarischen Leckereien besser kombinieren als dort. Barcelona hat mich verzaubert, verzückt, begeistert und sogar auch mal genervt. So wie das eben ist, mit der ganz großen Liebe!

Meine Bewertung:

Sightseeing:

Verkehrsmittel:

Essen & Trinken:

Shopping:

Links zu Barcelona

Expo Hotel Barcelona: http://www.expohotelbarcelona.com/

Dino: http://www.gelatsdino.com/eng/index.php

Port Olímpic: http://www.portolimpic.es/index.php?i=3&id=

Parc de la Ciutadella: http://barcelona.de/de/barcelona-parc-ciutadella.html

Sagrada Familia: http://www.sagradafamilia.cat/

Park Güell: http://www.parkguell.es/en/portada

Museu Nacional d'Art de Catalunya: http://www.mnac.cat/index.jsp?lan=001

Olympisches Museum: http://www.museuolimpicbcn.cat/eng/home.asp

Poble Espanyol: http://www.poble-espanyol.com/en

Comerc24: http://comerc24.com.mialias.net/restaurante.php?lang=eng

El Corte Inglés: http://www.elcorteingles.es/

Mercat de la Boqueria: http://www.boqueria.info/index.php?lang=en

Öffnungszeiten Mercat de la Boqueria: http://www.boqueria.info/contacte-mercat.php

Café de l'Opera: http://www.cafeoperabcn.com/index.php?lang=en

Gran Teatre del Liceu: http://www.liceubarcelona.cat/en.html

Espai Barroc: http://www.palaudalmases.com/index%20es.htm

Gimlet: http://www.javierdelasmuelas.com/cas/dry/barcelona/gimlet

Stradivarius: http://www.stradivarius.com/

Sfera: http://www.sfera.eu/

Bildnachweis

Alle Bilder innerhalb dieses Buches stammen von:

•Martina Dannheimer

•OpenStreetMap und Mitwirkende, CC BY-SA

•jara3000: http://www.shutterstock.com/pic-132687290/stock-vector-high-heel-shoes-silhouette.html?src=csl_recent_image-1